ÉLOGE

DE

PHILIPPE,

DUC D'ORLEANS.

ÉLOGE

DE
PHILIPPE,

DUC D'ORLÉANS,

Petit Fils de France, Régent du Royaume
pendant la minorité de Louis XV.

DÉDIÉ

A S. A. S. Mgr. LE DUC DE CHARTRES.

PAR

M. Delandine, Avocat au Parlement.

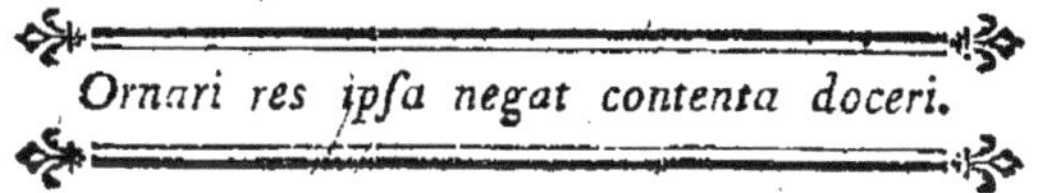

Ornari res ipsa negat contenta doceri.

A LYON,

Chez *Pierre Cellier*, Libraire Quai
St. Antoine.

M. DCC. LXXVIII.

A SON ALTESSE SÉRÉNISSIME,

MONSEIGNEUR

LE DUC DE CHARTRES.

MONSEIGNEUR,

L'Orsque l'Académie de Villefranche a invité les talens littéraires à rappeler à

la nation les vertus éclatantes de Monsieur le Ré-
gent, l'Europe entiere admi-
roit le courage héroïque,
qui portoit votre ALTESSE
SÉRÉNISSIME à recher-
cher jusqu'au milieu des mers,
les connoissances nécessaires aux
héros. Ma jeunesse enflam-
mée par les rapports de ces
grands traits, entre votre

ALTESSE SÉRÉNISSIME,

& son Auguste Bisaïeul a osé entrer dans la lice ; une plume plus digne de les célébrer a prévalu sur ma foiblesse ; mais en daignant, Monseigneur, agréer les hommages de mes efforts, votre ALTESSE SÉRÉNISSIME les encourage par la plus flatteuse récom-

penſe à laquelle ils puſſent

aſpirer.

Je ſuis avec le plus profond reſpect,

MONSEIGNEUR,

DE VOTRE ALTESSE SÉRÉNISSIME,

Le très-humble & très-
obéiſſant ſerviteur,
DELANDINE.

ÉLOGE

DE

PHILIPPE, DUC D'ORLÉANS,

RÉGENT DE FRANCE.

L A science dispersée parmi quelques hommes rares & épars au milieu des nations, brille & meurt à l'instant. Sans appui, elle rampe ou demeure stérile. C'est lorsque les connoissances de plusieurs savans sont réunies, qu'elle s'éleve ; & comme un globe lumineux elle répand le jour sur la philosophie & les arts ; aussi de tous les établissemens utiles dont l'esprit humain peut se glorifier, celui des académies, l'illustre davantage. C'est de ces centres de

A

lumiere, que font jaillis ces rayons qui ont éclairé les peuples fur leurs intérêts & leur bonheur. Dans la Grece, c'étoit de l'ordre des fages & des écoles des philofophes, que fortoient les guerriers célebres. Phocion, Ariftide & Epaminondas, ne quitterent les académies que pour être les vengeurs de leur patrie. A la Chine, les affemblées des mandarins, font les feules barrieres qui arrêtent le defpotifme prêt à défoler ces climats. Parmi nous, l'éloquence fait éclorre le bien en le louant, & les vertus en les faifant admirer. Le citoyen qui confidere les regrets qu'excite la perte d'un grand homme, & les fleurs que les gens de lettres jettent fur fon tombeau, fent palpiter fon cœur, & brûle de l'imiter. Pline nous fait aimer Trajan. En lifant Thomas, nous voudrions être Defcartes ; en dévorant les peintures fublimes que nous a tracées Plutarque, nos larmes coulent, & l'enthoufiafme de l'honneur s'empare de nos ames. (*a*).

____

(*a*) Sallufte a décrit énergiquement ce pouvoir des éloges des grands hommes fur les ames. *Rerum*

Une académie célebre veut décerner en ce jour une couronne qui honore tout à la fois

---

à majoribus geſtarum vehementiſſime animam ad virtutem accendi & eàm flammam egregiis viris in pectore creſcere, nec prius ſedari, quàm virtus eorum atque famam atque gloriam adæquaverit.

Les hommes ont principalement en vue la réputation dans leurs travaux ; c'eſt le mobile de leurs actions. Ce déſir de paroître, filtrant ſans qu'on s'en apperçoive dans leurs ames, colore la plupart de leurs vertus. On a vu même de grands criminels, ne le devenir quelquefois que par amour de la réputation, témoins Héroſtrate qui brûla le temple de Diane, & le courtiſan de Charles-Quint qui projetoit la mort de ſon roi dans l'égliſe de Rome, pour s'illuſtrer par ce forfait. Pluſieurs ont envié une mort affreuſe pour vivre dans l'avenir. Empédocle ſe précipite dans les abymes de l'Etna. Le philoſophe Pérégrinus ſe brûle aux jeux olympiques ; & l'Indien Calanus en préſence de l'armée d'Alexandre. Ce conquérant lui-même ne ravage la terre, que pour être le héros d'une nouvelle Illiade. Au milieu des périls & du carnage, il s'écrie : croiriez-vous, ô Athéniens, que l'on pût s'expoſer à de ſi grands dangers pour mériter vos éloges. C'eſt cet amour de la gloire qui engageoit le guerrier courageux & le légiſlateur éclairé. PHILIPPE, DUC D'ORLÉANS, la mérite à ces titres. Il défendit l'état par ſa valeur ; il le ſoutint par ſon gouvernement.

Fondateur de l'académie qui propoſe aujourd'hui ſon éloge, il a droit à ſa reconnoiſſance & à celle de tous les gens de lettres pour ce bienfait. Je viens en tremblant m'unir à eux, & entourer, d'une guirlande, le trophée de gloire qui couvre ce grand homme. Heureux ſi mon admiration & mon éloge n'en terniſſent pas l'éclat !

———————————————

Démoſthene à vaincre la nature qui lui avoit refuſé une prononciation brillante, c'eſt cet amour de la gloire qui inſpira à Miſon & à Héraclite l'abandon du trône de leurs peres, pour cultiver la philoſophie & chercher la vérité.

Il ne faut que diriger l'amour propre vers un but utile, & promettre la gloire, pour la faire éclore. « Honorons les grands hommes, a dit avec » raiſon un homme digne de les louer, & les » grands hommes naîtront en foule.

PREMIERE PARTIE.

LA naiffance des princes eft toujours un grand événement pour les peuples ; ce font ou les foutiens ou les deftructeurs des empires. A l'inftant que PHILIPPE D'ORLÉANS vit le jour, la France inquiete jufqu'alors parut tranquille (*a*). Louis XIV n'avoit , pour héritier de fes conquêtes, qu'un fils chéri des peuples, mais dont la foibleffe faifoit craindre un trépas précoce & le bouleverfe-ment de l'état. PHILIPPE fit évanouir les craintes , & ranima la conftitution de la

____

(*a*) Philippes nâquit le 2 août 1674, de Philippes de France, & de fa feconde femme Charlotte-Eli-fabeth de Baviere , fille de l'électeur Palatin, morte un an feulement avant fon fils. Son pere avoit été marié en premieres noces à Henriette d'Angleterre, fille du malheureux Charles premier , dont il eut un fils qui mourut en bas âge , Marie qui époufa Charles II , roi d'Efpagne, & Anne qui fut mariée à Victor Amédée, duc de Savoie.

monarchie , comme l'aftre lumineux du jour fait difparoître , à fon lever , les vaines terreurs & ranime la nature. Son efprit fut à peine fufceptible de connoiffances , que l'éducation s'empreffa à le former. Né pour être grand , il penfa & vit bientôt par lui-même. L'homme vulgaire n'eft inftruit que par le temps ; mais le héros femblable à l'aigle audacieux , fixe fes premiers regards fur la lumiere. A quinze ans , le difciple d'Ariftote écoutoit avec fruit le philofophe , & domptoit fes fujets rebelles. A cet âge , Scipion imaginoit la ruine de Carthage , & Annibal celle de Rome. A cet âge , Pompée , couvert de lauriers , montroit à l'univers étonné la fcience unie à la valeur (*b*). PHILIPPE ,

---

(*b*) Le grand homme eft toujours précoce , il traverfe en un inftant les ténebres de l'enfance , qui n'eft qu'un milieu propre à étayer la foibleffe des ames ordinaires. L'homme qui doit fe rendre illuftre , dit Philippes de Comines , l'eft toujours de bonne heure. L'écrivain de génie commence à fe diftinguer dès l'âge où le commun des hommes penfe à peine. A douze ans , Pafchal étoit bon

héritier du courage de ces grands hommes, brûloit de se signaler à leurs exemples. Ses

---

géometre, & avoit pressenti sans maîtres & sans livres, les trente-deux premieres propositions d'Euclide. A sept ans, le Tasse étoit poëte & surpassoit son pere. De même le guerrier célebre laisse bientôt les jeux de l'enfance pour voler à la gloire. Ses travaux sont des combats & ses plaisirs des victoires.

Philippes de Macédoine, étant allé combattre, laissa son fils âgé de quinze ans gouverneur du royaume. Il s'acquitta si bien de cet emploi important, qu'il soumit aussi-tôt les Médaores révoltés. L'année suivante, il sauva la vie à son pere dans la fameuse bataille de Chéronée qui décida de la liberté de la Grece. Avant trente ans il avoit conquis l'univers.

Dès l'âge de neuf ans, Annibal devint l'ennemi de Rome en suivant son pere Amilcar en Espagne. Dans l'adolescence, Scipion combattoit à Tésin, & arrêtoit l'armée Romaine qui fuyoit à Cannes. Alors il étoit déjà un des plus savans hommes de la république.

A peine Pompée eut-il pris la robe virile, qu'il fut à la guerre sous son pere. Dans sa jeunesse il sécourut Scilla; dans l'âge mûr il fut vainqueur du monde, & tout-à-coup proscrit & malheureux.

A iv

vertus , trop brillantes , offufquoient les regards & retardoient fes deffeins. On l'eftimoit en le craignant ; l'image récente des guerres civiles , montroit en lui un chef propre à tout exécuter ; auprès de lui , des foldats fixés par l'amour , prêts à lui affurer des victoires. L'imagination de PHILIPPE le tranfportoit au milieu des armes : il jugeoit des événemens, en voyant les obftacles & les reffources ; il fondoit la sûreté publique fur les moyens de ménager le fang des hommes ; mais il eût préféré pour lui-même une mort utile aux peuples, à des jours tranquilles & ignorés. Eft-ce donc un devoir aux princes & aux rois de méprifer la vie & de la vouer aux befoins des états, malgré les liens attrayans qui les y attachent & les plaifirs qui l'environnent.

. Les vœux de PHILIPPE furent remplis. Trop long-temps on lui avoit fait attendre l'honneur de combattre pour la France , & Luxembourg fut enfin chargé du foin glorieux de lui apprendre à vaincre. Leufe devint le théatre de fes premiers exploits. Il partagea , avec le vainqueur de Fleurus , la gloire de seconder Louis dans ses conquêtes ; & sa valeur apprit que le grand nombre de soldats n'enchaînoit pas toujours la victoire. Dès cet instant on reconnut le héros , & les ennemis frémirent en voyant s'élever ce nouvel appui du trône. LOUIS se félicita que Philippe fut issu de son sang & se reconnut lui-même.

De nouveaux combats offrirent bientôt au prince de nouveaux lauriers. C'est dans les plaines de Stinkerque qu'il va sauver l'honneur de la France. Luxembourg malade, & ne tenant à la vie que par un foible lien , dans un moment décisif qui demandoit la plus grande activité, avoit été trompé. Accablé par la douleur , le sommeil appaisoit un instant le sentiment de ses maux , lorsque le cri de la guerre vient tout-à-coup retentir autour de lui. Déjà les ennemis étoient maîtres d'un poste important ; il falloit le reprendre ou mourir. Deux fois on avoit attaqué avec fureur , & deux fois l'ennemi espéroit la victoire. Philippe paroît , rougit la terre de son sang , & demeure vainqueur. Sa bleſſure enflamme ſon courage & précipite leur défaite. Moins occupé du ſoin de conſerver ſa vie , que celle de ſes guerriers ; l'honneur d'avoir vaincu exalte ſon ame , & lui cache ſon propre danger. Héros magnanime , menage des jours qui ne ſont pas à toi ! La France & les nations ont encore beſoin du ſecours de ton bras ; c'eſt à ta valeur & à la ſupériorité de ton génie , que ſont attachés le bonheur & la ſûreté de plus d'un empire.

La nature avoit formé Philippe pour combattre des rois ou les placer ſur le trône. Guillaume , ce prince illuſtre , vainqueur de ſon beau pere , lui offre un adverſaire digne de lui. Il joignoit au génie le plus fécond en reſſources , la ſageſſe & la précaution. Ces vertus attachoient la gloire à ſes étendards , & rendoient ſouvent ſes défaites auſſi avantageuſes que des victoires. Plein d'un amour extrême pour la liberté , né lui-même dans un état libre, qui avoit été arraché à la ſervitude par le courage républicain , Guillaume appellé au trône pour maintenir les droits des

peuples , venoit combattre Louis qu'il foup-
çonnoit vouloir courber fous fon joug ,
toutes les nations européennes. Il avoit employé tout ce que l'art a de plus redoutable
pour fortifier fon camp. Mais que peut la
prévoyance contre l'amour de la patrie ? Le
François, conduit par P H I L I P P E , franchit
tous les obftacles & ne connoît plus le danger.
Au milieu de l'action , le prince fe laiffe
emporter par cette ardeur extrême, que le
courage médiocre nomme témérité , & que
le héros ne peut dompter. Ses ennemis l'en-
tourent , mais ne l'épouvantent pas. S'il faut
mourir , fon cœur eft prêt à donner fes jours
à l'état. A l'inftant fon regard s'enflamme &
porte la terreur ; fon bras frappe ; & péné-
trant jufques aux fiens , il partage avec eux
fon triomphe. Tel Henri IV , ne voyant que
la gloire où les autres guerriers voyoient une
mort affurée, fe précipita dans Eaufe , & en
fortit victorieux. Nervinde , ton nom jufqu'alors inconnu fera déformais célébré ! Tes
champs, inondés de fang , immortaliferont
PHILIPPE. Ainfi les guerres, ces fruits terri-

bles de la vengeance des rois , après avoir ravagé les contrées qui les portent en leur sein , semblent les dédommager en fixant leurs noms dans l'histoire. Ainsi Leuctres, Arbelles & Actium , furent inconnus jusqu'aux victoires des Pélopidas, des Alexandres & des Céfars.

O ma patrie! tant de succès t'indiquoient assez celui que ton génie tutélaire avoit formé pour relever ta gloire ! L'amour du peuple, la confiance des soldats , l'estime des chefs , tout appelloit Philippe au commandement. L'ambition des ministres, qui se cache aisément sous de spécieux prétextes, y formoit un obstacle , mais il fallut céder au desir public.

Charles II , toujours chancelant dans ses desseins, toujours inquiet dans ses actions, venoit de mourir. Sa mort donnoit au petit-fils de Louis XIV , les états qu'il avoit défendu contre ce monarque, pendant tout le cours de sa vie. Cet immense bienfait fournit de l'aliment à la jalousie de l'Europe. Elle s'embrase à l'instant, & ses peuples deviennent des ennemis cruels. Nos vaisseaux s'enflamment dans le port de Vigo, & couvrent les mers de leurs débris. Marlboroug & Eugene combattent les François & répandent leur sang ; l'Angleterre enfin, après avoir conquis les royaumes de Valence & de Catalogne, n'ensanglante ses armes, que pour favoriser l'ennemi de notre nation ; elle cede à l'archiduc le fruit de ses victoires. Tant de pertes vont être réparées ; Louis XIV, toujours formidable par le choix heureux qu'il fut faire de ses généraux, associe enfin le prince à la gloire des Luxembourgs & des Turennes. Aussitôt l'armée d'Italie le voit à sa tête ; & ses premieres démarches dans le commandement annoncent sa pénétration. Eugene, le grand Eugene est déconcerté dans un passage par le jeune héros, & forcé d'entreprendre une marche longue & périlleuse pour arriver à son but. Ce succès réveilla l'envie des courtisans ; on peignit PHILIPPE au monarque comme un jeune ambitieux, qui, avec ses talens, pouvoit tout oser ; & dès-lors le nouveau Démétrius perdit la confiance de son roi.

Le prince ne veut fe juftifier que par d'éclatans fervices : il vole au fiege de Turin.
Eugene marchoit à fon fecours, il arrive ;
mais Philippe l'a dévancé. Il empêche la
jonction des forces ennemies ; fon rival n'a
plus d'efpoir que dans l'incertitude d'un
combat. A l'inftant le prince demande à marcher contre lui ; c'étoit un guerrier illuftre
qu'il eût defiré vaincre. La foibleffe des
retranchemens où l'armée françoife étoit ren-
fermée, l'embarras de réunir ou de divifer
les troupes dans un petit efpace, la difficulté
des attaques & des évolutions fucceffives,
faifoient juger à Philippe, que, loin d'attendre Eugene dans ces barrieres, il falloit
aller à fa rencontre. Tous penfoient comme lui,
ignorans que LOUIS avoit parlé. On avoit
trompé le monarque, pour confondre la
valeur. Ses ordres défendoient de chercher le
combat, & prefcrivoient d'attendre l'ennemi. L'armée frémit alors & murmure ;
Philippe appaife le foldat, & confent à
facrifier fa gloire à l'obéiffance. Il attend
avec fermeté, qu'Eugene vienne fe parer des

fes lauriers ; & dans le calme de fon ame , il
médite fur les moyens qui peuvent retarder
fa chûte ou la rendre moins funefte. L'ennemi , trop habile pour négliger fes avantages , attaque avec confiance ; il eft reçu par
l'intrépidité. Mille cris s'élevent auffitôt ; &
l'homme s'égorge pour les intérêts de fes
maîtres. L'humanité plaintive n'eft plus en-
tendue ; tous donnent ou reçoivent la mort.
Philippe foutient d'une main fes troupes qui
chancellent , & combat de l'autre pour leur
défenfe. Une feconde fois , victime de l'état ,
il voit couler fon fang ; il tombe , & ce ne
fut qu'alors que les François céderent (c).

(c) Le duc d'Orléans fit les plus grands efforts pour
réparer la faute qu'on avoit voulu commettre. Il
combattit vaillamment lui-même , & fuppléa long-
temps par fon courage , au défavantage du lieu. Il
donnoit des ordres qui auroient peut-être affuré
aux François le gain de la bataille , lorfqu'il fut
bleffé de deux coups de feu. Le chevalier Follard ,
qui réuniffoit à la valeur , la théorie la plus profonde fur fon métier , rejeta tout le malheur de
cette journée fur le maréchal de Marfins. Il lui

Tant qu'il pût commander , le succès d'Eugene demeura incertain ; mais aussitôt que le soldat ne vit plus à sa tête celui qui le faisoit vaincre , le découragement glaça son ardeur , & la déroute fut générale. LOUIS n'eut pas mérité le nom de Grand, s'il n'avoit reconnu son erreur. PHILIPPE en fut reçu avec ces distinctions flatteuses qui sont dues aux héros. Il avoit fait plus que de vaincre. Il ne triompha pas de l'ennemi, mais de lui-même ; & par une retraite habile, il s'étoit vengé d'une défaite inévitable. Le monarque voulut satisfaire , par une confiance entiere , à l'honneur & à la fidélité du prince. Il remit entre ses mains le sort des rois & de son petit-fils.

L'Espagne s'épuisoit alors de citoyens & prodiguoit les trésors de l'Amérique, pour

---

reproche sur-tout d'avoir négligé, malgré les ordres du duc d'Orléans , de faire avancer les troupes qui demeurerent inutiles dans les retranchemens , & de n'en avoir pas fortifié la partie par où le prince Eugene fit son attaque , qui étoit d'une petite étendue , & qui demeura dégarnie.

défendre

défendre les droits du roi qu'elle s'étoit choi-
fie. Il alloit augmenter le nombre des princes infortunés que le fort des armes a précipité du trône fans le fecours des François,
commandés par Philippe. Ils s'arment en faveur des anciens ennemis de leur tranquillité.
Autrefois l'Efpagne vouloit renverfer la France, combattoit fes peuples au dehors, &
fomentoit des divifions dans fon fein ; alors la
France donnoit des fouverains à l'Efpagne. (e)

____

(e) Pendant deux fiecles & demi, & depuis Louis
XII, jufqu'à la fin du regne de Louis XIV,
l'Efpagne fe déclara l'ennemie conftante de la France.
Elle lui caufa ou fufcita tous les maux politiques qui
la déchirerent alors. En 1503, combats de Sémi-
narre & de Cérignoles, où les Efpagnols furent
vainqueurs, malgré leur ufurpation criminelle fur
le royaume de Naples. En 1513, feconde violence
par laquelle Ferdinand s'empare du royaume de
Navarre, feulement autorifé par la bulle d'un pape
qui lui accordoit la propriété d'un état dont il
n'étoit pas le maître.

François premier & Charles-Quint attacherent
fur leurs deftinées les regards de toute l'Europe.
Une grande ambition les animoit l'un & l'autre ;

B

Le duc d'Orléans ne balança pas à fervir la fortune de celui que foutenoit fon roi ;

& ils avoient tous deux des états floriffans & ce courage opiniâtre qui peut braver des revers. Ils fe difputerent avec fureur le royaume de Naples au nom des maifons d'Arragon & d'Anjou, & leurs rivalités continuelles produifirent le combat de la Bicoque en 1522, la célebre bataille de Pavie ; enfin celle de Cérifoles, où le bon droit des François fut juftifié par la victoire.

Henri II eut à foutenir les mêmes inimitiés ; fon regne fut marqué par le fiege de Metz, les batailles de Renti, de Marcian, & le combat de St. Quentin, funefte à nos troupes & à leur général.

Dans l'affemblée des états, en 1576, fe forma cette fameufe ligue pour détrôner nos rois légitimes, entre le pape, la maifon de Guife & le roi d'Efpagne. Cette derniere puiffance fouffloit le venin dans les ames, & donnoit la plus grande activité à l'embrafement qui confumoit la France. Henri III & Henri IV furent fans ceffe occupés à établir des treves avec les Efpagnols, ou à vaincre le duc de Parme & le connétable de Caftille leurs généraux. La politique du roi d'Efpagne & fa haine contre nos fouverains, alla jufqu'à établir par fes largeffes un ordre religieux qui devoit dénaturer

il engage fon propre domaine pour le fécou-
rir. La victoire le précede, & il arrive à l'inftant que Berwick forcé de combattre, ve-

---

notre conftitution , & faire reconnoître la fienne.

Louis XIII ne fut pas plus tranquille que fes
prédéceffeurs. Son regne fut une fuite continuelle de
guerres avec l'Efpagne en Italie & en Catalogne ;
mais le génie de Philippe III difparut devant celui
de Richelieu. Le pouvoir de la maifon d'Autriche
s'anéantit devant les forces de la France & de la
Suede , & la paix des Pirenées fut le dernier coup
qui abaiffa l'Efpagne , la précipita dans le néant
où elle eft encore , & qui donna à fa rivale cette
fupériorité de puiffance qui s'accrut toujours davantage.

Enfin, Louis XIV n'avoit ceffé de porter lui-
même des coups deftructeurs à cette monarchie.
A peine tenoit-il le fceptre , que le grand Condé
s'illuftra par la journée de Rocroy. Ainfi on n'avoit
ébranlé l'Efpagne que pour la raffermir enfuite, &
les François verfoient toujours leur fang , ou pour
la renverfer , ou pour la foutenir. La politique des
rois qui devroit être une , puifqu'elle ne doit
avoir pour but que le bonheur des peuples , &
qu'il n'eft fouvent qu'une maniere effentielle d'être
heureux , varie autant dans fes projets , que les
fimples affaires des citoyens.

noit de triompher. L'armée voit Philippe avec tranfport ; puifqu'il la commande , elle eft certaine de vaincre. Requena tombe devant elle ; cette Valence fi célebre par la ruine de l'empire des Maures , & la victoire du Cid , fuccombe une autre fois devant un grand guerrier. Sarragoffe éprouve le même fort ; tout fe diffipe , rien ne réfifte plus à Philippe, & l'ennemi n'ofe paroître. Lérida devient fon azile ; on croyoit s'y repofer & recevoir de nouveaux fecours , lorfque le prince fe préfente autour des remparts & les affiege. Cette ville forte par l'art & la nature , regardée comme imprenable depuis que le grand Condé avoit vü fes efforts s'évanouir devant elle , tenoit dans fes murs la fortune du roi d'Efpagne. C'étoit la barriere qu'il falloit arracher pour affurer au monarque François fon autorité. La hardieffe du projet difparut devant l'habileté du général ; & Lérida qui n'avoit été conquife que par Céfar fur les amis de Pompée , fe foumit au héros de la France. Toute l'Europe apprit cet événement avec effroi , mais elle ne s'étonna pas ;

c'étoit Philippe qui l'affiégeoit & qui l'avoit prife. (*f*)

Après tant de combats, il étoit temps que le vainqueur prît du repos ; il fut en jouir dans le fein des climats qu'il avoit fauvé, au milieu des peuples dont il avoit été le défenfeur. Madrid le reçut en prince plus flatté de foutenir une couronne que de la porter. Il y vit un roi qui lui devoit fa puiffance ; & ce qui lui fut plus fenfible encore, un peuple entier qui le nomma fon bienfaiteur.

Cet éclat des cours varié par le goût, ce centre brillant, où tous les plaifirs d'une nation fe réuniffent, doit éblouir l'ame vulgaire. Alors les guerriers entourés de flatteurs qui exagerent ce qui leur eft dû, oublient eux-mêmes ce qu'ils doivent aux autres. C'eft à ces plaifirs, à ces hommages féduifans que Rome dût la honte de Brennus & les défaites

---

(*f*) Lérida fe rendit le 13 octobre 1707 après onze jours de tranchée ouverte. Cette conquête abattit le parti des alliés & feconda avec fruit, les fuccès du maréchal de Bervich à Almanza.

d'Annibal. PHILIPPE sut se garantir de l'ivresse générale ; il ne vit dans ces images du bonheur que l'obligation de se rendre plus utile ; la gloire seule fut suivie ; elle l'attendoit devant Tortose.

Ce dernier refuge des forces combinées contre le petit-fils de France, étoit défendu par l'Ebre, & entouré de fortifications redoutables. L'ennemi avoit tout tenté pour s'y maintenir ; & PHILIPPE n'employa qu'une partie de son art pour les soumettre. Pouvoit-on lui résister ? il montroit une intrépidité héroïque, une vigilance éclairée. Les soldats le regardoient comme un Dieu tutélaire par sa valeur, & plus encore par son humanité. Adoucir les maheurs, fruits inséparables des combats par des dons généreux, rappeller à la vie par des soins attentifs ses soldats expirans ; tels étoient les liens qui lui attachoient les cœurs. A ses yeux un ennemi étoit un homme ; l'étranger & le François accablés des mêmes maux, ~~avoient les mêmes maux~~, avoient les mêmes droits à sa bienfaisance. Il gagna plus de sujets par sa

bonté qu'il n'en fournit par fon courage , &
les Espagnols connurent ce qu'ils devoient
attendre d'un roi formé d'un fi beau fang.
Tous fe foumirent à leur nouveau maître ;
& Philippe V. choifi par les Caftillans pour
leur roi , nommé par Charles pour fon fuc-
ceffeur au trône , chaffé par l'archiduc de fa
capitale , ne régna fur l'Efpagne , que parce
que Philippe y parut & l'affujettit par fes
vertus.

Il manquoit au héros , avant de quitter
le lieu de fes triomphes , ce fceau inévitable qui illuftre toujours le grand homme ;
il lui manquoit d'être perfécuté ; mais la calomnie ofa bientôt l'attaquer avec d'autant
plus de fureur , que fes fuccès étoient plus
glorieux. Cachée fous les marches du trône ,
elle fit foupçonner Philippe de n'avoir vaincu
que pour lui même. Elle l'accufa de vouloir
détrôner le roi d'Efpagne & ufurper fa couronne , comme s'il l'eût affermi fur fa tête
pour l'en dépouiller enfuite , comme s'il eût
voulu par un jeu cruel & hardi le faire mon-
ter à ce haut rang pour l'en faire à l'inftant

(24)

defcendre. Une princeffe ambitieufe qui cherchoit à acquérir du pouvoir en femant des
craintes, accréditoit le foupçon dans ces ames
foibles dont la nature eft de tout croire. (g)
Le peuple même qui ne peut comprendre ce
défintéreffement fublime qui engage à facrifier fes propres avantages à celui de l'état,
qui voyoit dans le duc d'Orléans un prince
digne d'une couronne, attendoit ce change-
ment & un nouveau fouverain ; mais PHILIPPE,
femblable à ce Varwick, la terreur & l'amour
de l'Angleterre, faifoit les rois fans défirer
de l'être. (h) Son ame généreufe préféroit

(g) La princeffe des Urfins.

(h) Richard, comte de Varvick, prit le parti du
prince Edouard contre Henri IV roi d'Angleterre,
qu'il détrôna après la célebre bataille de Theukef-
bury. Il reçut bientôt après, des mécontentemens
du fouverain qu'il avoit fait. Les rois oublient les
bienfaits comme les autres hommes. Varvick ren-
verfa alors la puiffance qu'il avoit élevée, & ré-
tablit fur le trône Henri qu'il avoit vaincu. Au
milieu de ces révolutions fucceffives, il auroit
pu établir le gouvernement le plus favorable à
fon ambition ; il auroit pu régner lui-même ; mais

la gloire aux honneurs, & le spectacle de
ses bienfaits à l'éclat de l'Empire. Il se ven-
gea de l'envie en l'abandonnant à ses remords
& l'amour de la patrie, le rendit à la
France. Ainsi, les héros de l'antiquité, les
Télamons & les Thésées, & parmi nous,
Duguesclin, après avoir défendu les rois légitimes, venoient protéger la justice & les
arts dans les pays qui leur avoient donné le
jour. L'intérêt public paroît-il exiger encore
du prince une renonciation solennelle au trône
d'Espagne ? Il la donne entiere. Dès que la

il sentit qu'il y avoit plus de grandeur à refuser
ce qu'il pouvoit avoir pour en honorer un autre.
Varwick est célebre parmi nous par la tragédie de
M. de la Harpe. C'est ce couronnement d'Edouard
qui produisit les cruelles dissentions entre les mai-
sons d'Yorck & de Lancastre, qui sous le nom de
Rose blanche & de Rose rouge, ensanglanterent si
long-temps l'Angleterre. On pouvoit appliquer à
Varwick & à Philippe ces vers gravés sur le tombeau de Charles Martel.

Dux, dominusque ducum, regum quoque rex fore
      spernit
Non vult regnare sed regibus imperat ipse.

loi politique établit un ordre de fucceffion, il s'y foumet. Il fe hâte de publier fon abandon généreux, & après avoir fait refpecter la France chez l'étranger par fes victoires, il fut la rendre heureufe par fa régence.

SECONDE PARTIE.

LE conquérant ne connoît fouvent d'autre art que celui de combattre & de vaincre. Souvent, loin du choc des armes, fa main qui fut courageufe dans l'action, laiffe flotter les rênes du gouvernement ; & fon ame qui, par fon activité, avoit rendu fa nation célebre, en fait alors le malheur par fon inertie. PHILIPPE porta, dans l'art de la légiflation, ce coup d'œil hardi qui lui avoit affuré des victoires. On le vit préférer auffitôt, au tumulte des camps, la folitude du cabinet ; & à l'impétuofité du guerrier, l'attention du philofophe.

Louis XIV après avoir impofé la loi à l'Europe, fait fleurir les fciences, & donné la paix à l'univers, ne pût s'affranchir de la mort.

Tant de grandeurs & de triomphes venoient d'être renfermés dans le cercueil , & son nom qui pendant sa vie retenoit dans leurs limites les ennemis de l'état, n'étoit plus gravé que sur le marbre. Le successeur de ce monarque , dans l'âge le plus tendre, ne pouvoit encore gouverner ; & l'enfance des rois , fut presque toujours marquée par des événements funestes aux peuples. Alors un royaume foible , comme son chef , est menacé sans cesse d'être asservi par les puissances voisines. Les sujets trop souvent avides de nouveautés , se livrent aux étrangers , trahissent la patrie, & vendent leurs suffrages. Les corps nationaux se heurtent & se dissolvent. Le commerce languit, l'agriculture est négligée , & tout penche vers sa ruine. Il en est alors d'un empire , comme de cet ancien système de l'univers inventé dans la Grece, où les parties qui le composent , venants à se défunir entr'elles, se confondent & amenent insensiblement le cahos (i).

____

(i) La minorité de nos rois a toujours été une chaîne continuelle de guerres sanglantes , & de

Dans cette crise violente, celui à qui le fort de l'état est remis, ne le réglant que pré-

---

divisions intestines. La crainte des régences fit établir à la Chine, & dans l'ancien royaume de Numidie, un ordre de succession au trône bien différent de celui des autres peuples. C'étoit le frere du roi qui héritoit du pouvoir souverain, & non le fils du monarque. On voit dans Tite-Live, Delface frere de Géla, succéder à la couronne, & en exclure Masinisse. Chez les Tartares Eluths, lorsque le Kan meurt, ils ne choisissent jamais pour lui succéder ses foibles enfans, mais le plus âgé des princes du sang.

Pour juger quelle pénétration sublime il fallût au duc d'Orléans, pour appaiser les troubles qui naissent dans ces momens orageux, qu'on examine le tableau des régences qui ont précédées la sienne. On appercevra par tout les souverains oubliés pour des usurpateurs, & les peuples détruits pour des motifs frivoles ; l'étranger vainqueur en France, & le fanatisme répandant le sang des hommes.

On voit dans la premiere race Méroué laissé pour tuteur à Clodomir & Génébaud, fils de Clodion, s'emparer du royaume de ses pupilles.

Clotilde ne peut étouffer les horribles dissentions de ses fils qui partagent le royaume après

cairement , ne le chérit que peu. S'il defire
fon bonheur , il ne fait rien pour le hâter.

le fpectacle affreux d'une guerre civile. Clodomir,
roi d'Orléans, la laiffe encore tutrice de fes enfans ;
mais les oncles Clotaire & Childebert les égor-
gent & s'approprient leurs dépouilles.

Pendant la régence de la reine Baudour, Ebroim
s'empare du royaume , dépouille les grands, dé-
trône le roi & défole la France pour faire reconnoître comme fouverain l'idole qu'il avoit créé.
Les rois de cette race font tous enfuite fous la
régence des maires du palais. On frémit en lifant
dans Aimoin & Grégoire de Tours , les tyrannies
exercées par Pepin Hériftel , Grimoald , Thibaud ,
Rainfroy, Charles Martel & Pepin. Les deux der-
niers n'acquirent un certain droit à l'eftime publique, que parce que la nation, fatiguée des excès de
leurs prédéceffeurs , ceffa de s'intéreffer au fort de
fes rois qu'elle ne voyoit plus , & de difputer aux
tyrans le pouvoir criminel qu'ils ufurpoient.

Les interregnes depuis Pepin furent troublés
comme dans la premiere race. Charles le Gros qui
ne tint la régence du royaume , que pendant trois
ans, employa tout cet intervalle à foutenir la
guerre cruelle que les Normands faifoient à la
France.

Cependant que de précautions exige le choix de ce dépofitaire de l'autorité fouveraine !

L'enfance de Louis d'Outre-mer offre une perf-pective effrayante. Herbert tient fon fouverain dans les fers ; Raoul ufurpe la royauté, & ne reftitue qu'à la mort la couronne au monarque véritable.

Sous la troifieme race, Blanche de Caftille eft troublée dans fon adminiftration par la ligue des feigneurs qui veulent lui ôter fa puiffance. Les Vaudois allument des feux pour confumer leurs freres, & bientôt après le peuple & les grands fe révoltent, tandis que Louis dompte la Paleftine pour la reftituer auffi-tôt.

Louis d'Anjou, régent fous Charles VI, fe faifit des finances & les emploie dans fes entreprifes particulieres fur le royaume de Naples. A fa mort, éclate tout-à-coup cette haine furieufe entre les maifons de Bourgogne & d'Orléans qui entraîna les fureurs du peuple & la fanglante bataille de Rofebeque. Le roi d'Angleterre follicité d'un autre côté par Ifabeau de Baviere, la plus cruelle des reines après Frédegonde, s'établit régent & vient s'emparer de la Normandie. Le duc de Bethford fuccede à fon pouvoir & déchire l'état dont il vouloit paroître le foutien dans les combats de Verneuil, de Montargis & la prife de Paris.

Que de vertus doivent l'élever au-deſſus du commun des hommes , pour oſer lui confier leur ſort ! Cette ame ſublime devoit être Phi-

---

Anne de France peut à peine ſoutenir ſon autorité chancelante contre les ſeigneurs qui lui font la guerre. Catherine de Médicis porte la ſuperſtition ſur le trône. Après avoir profité de la foibleſſe de ſon époux pour le faire marcher vers le crime , elle empoiſonne la jeuneſſe de ſon fils par ſes conſeils barbares. Son regne eſt ſouillé de coups d'autorité ſans exemple & du plus horrible, des maſſacres. Enfin elle cauſe des guerres civiles en favoriſant les huguenots , & de plus grands excès en les proſcrivant enſuite : Marie foule le peuple par les mains des favoris & du maréchal d'Ancre , victime de la vengeance publique. Anne place Mazarin au-deſſus du trône ; elle fait fuir Condé chez les ennemis qu'il avoit vaincu & fait naître les troubles ſinguliers de la Fronde.

Les ſeules régences de Nantilde dans la premiere race , de Baudouin, de Suger & de Philippe dans la troiſieme , ont été glorieuſes à la France. Si quelques malheurs particuliers ont obſcurci cette derniere , ils s'effaceront à la vue du grand nombre d'événemens heureux qui l'ont accompagné.

Major à longinquo reverentia.

LIPPE d'ORLÉANS ; tous les cœurs le nommèrent, & la France applaudit au choix général. Auſſitôt il parut digne du rang où il étoit placé. Le regne de LOUIS lui avoit fourni des occaſions éclatantes de montrer ſon courage ; ſa mort lui laiſſa celles de faire paroître ſon génie & ſon habileté. L'un & l'autre étoient trop grands, pour qu'il crut devoir ſe fier à ſes ſeules lumieres. Il voulut que ce corps reſpectable de magiſtrats qui s'occupe continuellement des intérêts de la nation, & qui contient en lui-même l'immenſe dépôt de ſes droits, jugea ſes idées & confirma ſes deſſeins. Il voulut que le citoyen obſcur, mais ſouvent ennobli par le génie, oſa venir auprès du trône faire entendre ſa voix & ſes projets. Il voulut que la penſée fut libre, lorſqu'elle ſeroit dirigée vers un but d'utilité publique ; & ſe réſervant le droit d'apprécier les hommes, il laiſſa à ſes miniſtres, au génie ſouple & inſinuant de Dubois, les ſoins méthodiques & les embarras des détails. Cet accord de ſentiments fit renaître bientôt la joie dans nos cités, & le bonheur dans nos campagnes.

Les

Les provinces ne tarderent pas à fe repeupler, & les arts à embellir les travaux (i).

Cette foule de foldats que la politique avoit armés, défoloit les peuples victorieux & les nations foumifes. Ce n'étoit plus des guerriers, mais des confommateurs oififs qui furchargeoient les terres qu'ils venoient de défendre. Les champs abandonnés par les enfants qu'ils avoient vu naître, attendoient leurs bras pour n'être plus ftériles ; le régent rendit ces hommes à leur premiere occupation. Les troupes furent reformées ; les milices congédiées ; le foldat fufpendit fon épée à la charrue ; & le fer , trop long-tems employé à donner la mort, ne fervoit plus qu'à féconder la terre. Ainfi , dans le milieu de l'Afrique , les negres, habitans du Sénégal , tracent des fillons fertiles avec le même glaive dont ils viennent de frapper leurs ennemis.

Les revenus publics , fouvent perçus par le

(i) *Sopitus ubique armorum furor , rediit cultus agris , facris honos , fecuritas hominibus.*
Velleïus Paterculus

C

caprice, décourageoient le citoyen , fans faire fleurir l'état ; un parfait équilibre les balança avec les befoins ; & la taille proportionnelle levée fans rigueur fur les cultivateurs , entra fans diverfion dans le tréfor royal. Elle parut avec raifon au prince le plus jufte des impôts, puifque tout homme en fociété eft forcé de contribuer à la fûreté générale ; le plus folide , parce qu'il eft fondé fur des bénéfices réels , & que les terres ne peuvent tromper entiérement ceux qui les cultivent ; enfin , le plus propre à une dépenfe qui fe renouvelle chaque année , puifqu'on le tire des productions qui font données à l'homme chaque année par la nature.

Cette économie fage , inconnue depuis Sully , & le fruit de l'application de Philippe produifit les effets que le peuple attendoit. Le dixieme fut fupprimé , & la nation éprouva cette émotion fenfible , qu'excite dans tous les cœurs , le plaifir d'être chéri & foulagé.

Il manquoit encore à la tranquillité du royaume l'extinction des querelles funeftes que le prétexte de la religion n'a que trop fouvent fait éclorre ; le fouhait le plus ardent du prince fut de les abolir. Ces difputes à jamais durables par leur objet , & l'ignorance des hommes, ont produit ces crimes affreux , dont l'hiftoire eft fouillée , lorfqu'un gouvernement modéré , ne les a pas laiffées s'éteindre d'elles - mêmes. Chercher à les anéantir dans leur origine , c'eft faire fortir l'éclair qui enflamme auffitôt l'horifon ; vouloir les détruire dans leurs progrès , c'eft abattre la tête du monftre , dont le fang répandu en reproduifoit d'autres. La diverfité d'opinions dans l'ordre religieux , a toujours troublé l'ordre civil : Philippe apprit que le vrai moyen de terminer ces combats , eft de n'y pas mêler l'autorité. Cette bulle puiffante , foutenue par un pape jaloux de fon ouvrage , commença à tomber dans l'oubli. Les mouvemens terribles qu'elle avoit excités fous Louis le Grand, accrédités par la force qu'on avoit armée contr'elle, furent éteints par la prudence, & la modération du prince prépara la paix (k).

____

(k) La bulle *unigenitus* fut obtenue par le jéfuite le Tellier du pape Clément XI : elle divifa auffi-

Après avoir calmé l'efprit des peuples , il
falloit pourvoir à leurs befoins & réprimer le

---

tôt la France en deux partis redoutables , qui
difputoient , fans s'entendre, fur des mots prefque
vuides de fens , tels que le concours concomitant,
la fcience moyenne & le congruifme, efpeces d'hié-
rogliphes nés de l'imagination Efpagnole. On par-
loit de grace efficace à laquelle on pouvoit réfifter,
& à laquelle on ne réfiftoit pas. Ces obfcurités
étoient obfcurcies par des mots plus ténébreux
encore ; car on pouvoit réfifter à cette grace dans
le fens divifé, & non pas dans le fens compofé.
D'un autre côté , un évêque d'Ypres , ayant re-
nouvellé dans un gros ouvrage fur St. Auguftin ,
quelques erreurs ftériles de Baïus , produites un
fiecle auparavant, & condamnées par Pie V, les difputes les plus fingulieres s'allumerent en un inftant.

On pourroit remarquer que les fchifmes qui ont
eu pour objet des problêmes intellectuels, tels
que ceux fur lefquels on difputoit alors , ont été
beaucoup plus dangereux que les héréfies fondées
fur des fujets fenfibles , dont la fauffeté étoit bientôt fentie. La plupart de ceux qui ont embraffé
des idées métaphifiques , à l'aide de quelques mots
indéfinis , font parvenus fouvent à leurs vues am-
bitieufes & à la ruine des états qui vouloient ou

luxe extrême de ceux qui les avoient fait naître. Une foule de traitans, uniquement occupée à fuivre la fortune, s'étoit frayée mille
routes obliques pour l'atteindre. Leurs pré-

---

les foutenir, ou les combattre. Les querelles de
Barlaam & de Palamas, fur l'effence de la lumiere
qui parut fur le Thabor, dont Fabricius & Alla-
tius, nous apprennent la frivolité, bouleverferent
l'empire d'Orient au quatorzieme fiecle. Les erreurs
des Huffites, fur le retranchement de la coupe,
firent dévafter la Bohême dans le fiecle fuivant.
Après la mort du prophête d'Arabie, fes fectateurs
fe diviferent en Sonnites & en Motafiles. Les
premiers vouloient que l'Alcoran fut incréé & placé
de tout temps devant le trône de Dieu. Les autres
lui donnoient au contraire un commencement. Ces
deux opinions produifirent des difputes, des guerres, & enfanglanterent les Califats de Motazem
& de Vathek. Enfin, les idées fingulieres des
Beguard, des Héficaftes, des Impannateurs & de
mille autres ont produit de même la ruine & la
diffolution politique des états où elles parurent. Le
régent agit dans ces troubles, comme s'ils n'exif-
toient pas ; le pape étonné de fa douceur, fe re-
trancha dans fon jufte pouvoir, & rien ne fe dé-
rangea de l'ordre public.

C iij

tentions fur l'état épuifoit le. tréfor public.
La noblesse pauvre, & dès-lors avilie, baiffoit
le front devant ces favoris de la fortune. Le
peuple frémiffoit de voir fes travaux inutiles ;
& les magiftrats connoiffants la néceffité de
réparer ces abus, attendoient, avec impa-
tience, l'inftant de faire éclater contr'eux la
puiffance des loix (*l*). Le régent fervit l'in-

(*d*) Tous les publicites ont fait des peintures
effrayantes des malheurs caufés aux états par ceux
qui perçoivent leurs revenus. Les moraliftes ont
prêché contre les défordres produits par le luxe,
& les hiftoriens ont eu foin de marquer comme
des époques glorieufes, les temps où les traitans
ont été punis, & le nom des princes qui ont vengé
les peuples.

Les conftitutions d'Aragon des années 1228 &
1233, rapportés dans Marca Hifpanica, l'accord
contre les Juifs de l'an 1206, confervé dans Bruffel,
démontrent qu'en Efpagne, les peines prononcées
contre ces oppreffeurs publics ont été très-cruelles.

En Angleterre, le roi Jean leur faifoit crever les
yeux ; un d'eux, fuivant Slowe, à qui on arrachoit
une dent chaque jour, donna à la huitieme dix
mille marcs d'argent. Aaron, Juif d'Yorck, livra

tention générale : il établit une chambre su-
prême, où l'iniquité dévoilée fut punie ; les

à Henri III quatorze mille marcs d'argent & dix
mille à la reine.

Dans la Turquie, Mehemet Coprogli fit arrêter
ceux qui défoloient l'Empire par leurs concuſſions,
il étala dans des bourſes l'or & lés diamans qui
avoient été pris chez eux, & les plaça dans une
ſalle où le ſultan devoit paſſer. L'empereur voyoit
avec étonnement tant de richeſſes dont il ignoroit
la ſource, Coprogli leva un rideau, & montrant
les têtes des coupables à ſon maître : vois, lui
dit-il, ces têtes vomiſſent encore le ſang de ton
peuple qui eſt contenu dans ces bourſes.

De même en France on a toujours pris ſoin de
réprimer leurs tyrannies, & les vœux de nós rois
n'ont jamais été que l'extinction de leur pouvoir.
Ils infligerent la peine de mort au Péculat & à la
concuſſion. Louis XI fit rechercher avec ardeur les
coupables de ces abus. Louis Hutin fit conduire au
ſupplice Enguerrand de Marigni, & faire amende
honorable à Jean Meunier. Charles le bel condamna
Gerard de la Guette, contrôleur-général, & fit
exécuter à Montfaucon Pierre Remi, ſurintendant
des Finances, René de Siran & Macé de Maches,
tréſoriers royaux. François I fit arrêter Semblançai,

richeffes détournées pour des projets frivoles, s'accumulerent pour des entreprifes utiles. Le fafte des parvenus, n'infulta plus le citoyen, & l'orgueil fe couvrit de pouffiere. Le publicain des villes ne fe crut plus un dieu, & l'habitant des champs ofa fe compter parmi les hommes.

---

accufé d'avoir diverti les fonds deftinés au voyage d'Italie, & le parlement le condamna au dernier fupplice. Pendant le miniftere du grand Sully, on érigea fucceffivement trois chambres de juftice. Enfin Louis XIV, au commencement de fon regne, établit auffi un tribunal fupérieur pour connoître des malverfations publiques.

Cette attention de l'état fur les fortunes nouvelles, a toujours donné de la vigueur à la propriété. Les peuples voient qu'on s'occupe quelquefois de leur vengeance, & ils apprennent qu'être riche n'eft pas toujours un titre pour faillir avec impunité. Ces exemples frappans de difcipline devroient être renouvellés au commencement de chaque regne : ce feroit une cenfure utile & rendue plus févere à proportion du luxe établi, du bouleverfement des fortunes & de la corruption des mœurs,

Parlerai-je de ce fyftème hardi , fruit du génie & de la politique, qui d'abord ébranla la conftitution de l'état , pour la cimenter dans la fuite ; de ce moyen extraordinaire , adopté avec tranfport , rejeté auffitôt avec effroi, & qui affermira , aux yeux de la poftérité , la gloire & la réputation du régent ? Pourquoi craindrois-je de hâter fon jugement ? Le temps marquera cette entreprife comme néceffaire , & réparera, par l'éloignement , les inégalités de cet édifice immenfe.

La perte du crédit avec les puiffances voifines , l'épuifement du tréfor public , l'abandon du commerce & de la culture des terres ; enfin , la pauvreté générale & le fuperflu de richeffes qui fe trouvoit entre les mains de quelques citoyens , tout demandoit un remede prompt & inconnu qui rendit la vie à la France , en y faifant circuler l'or. PHILIPPE ofa envifager le bien à venir dans les combinaifons fingulieres d'un homme , qui par la fcience des nombres , avoit généralifé la politique , comme Pythagore , par fes calculs, le mouvement des cieux. L'idée de faire naî-

tre une source de richesses qui satisfit aux
dettes de l'étranger , l'établissement d'un crédit assuré , la nécessité qui peut tout justifier,
& plus encore l'espérance de soulager l'état,
lui en firent tenter l'exécution. Quoique la
réduction des monnoies , regardée comme un
des objets les plus intéressans , n'étoit autrefois discutée que dans les assemblées de la
nation ; quoique le résultat des observations
profondes des hommes de génie, étoit qu'il n'y
falloit jamais toucher ; Philippe pouvoit être
dispensé de cette loi (*m*). Le royaume devoit

(*m*) « Rien ne doit être si exempt de variations,
» dit Montesquieu , que ce qui est la mesure com-
» mune de tout. » Le système , en altérant les
monnoies , & en donnant un cours prodigieux
aux actions , détruisit le change. Les nations voisines profiterent de la rareté des especes pour le
fixer au taux qu'elles voulurent , & ne donnèrent
plus aux particuliers qui vouloient réaliser leurs
richesses fictives , qu'un prix modique pour des
actions considérables. Henri IV vouloit changer
le prix des monnoies en 1609 , mais il retracta
son édit sur les remontrances du parlement; & le
grand Sully , convaincu de la vérité des plaintes ,

perdre pour fe relever , & le citoyen accourir pour faire le facrifice d'une partie de fes biens à la libération commune. Si le prince eût voulu manquer à l'engagement facré des rois , en déclarant l'état infolvable , il auroit avili la majefté du trône & trompé les droits des peuples ; s'il avoit établi des impôts oné-reux , on l'eût regardé comme l'oppreffeur de la nation. Il étoit donc néceffaire que cette nation fe rendit juftice à elle-même , & répara les finances qu'on avoit abforbées pour fa défenfe. Ainfi , nous admirons dans la légif-lation grecque & celle de Platon , les loix fomptuaires priver les citoyens de brillantes chimeres & des richeffes fuperflues , pour faire naître les jours d'une félicité générale.

Le grand art confiftoit à faire fupporter cette perte par la partie des fujets qui pou-voient la reffentir le moins. Les nobles qui venoient de prodiguer dans les guerres & leur

---

quoiqu'il fut le premier à en demander l'enré-giftrement , fut auffi le premier à en folliciter la fuppreffion.

fang & leur fortune , devoient être refpectés;
Le cultivateur indigent ne pouvoit être troublé dans fes occupations utiles. Il n'étoit que
ces particuliers plongés dans le luxe , qui fe
vouants au célibat, confument leur patrimoine
pour augmenter leurs-jouiffances ; ou ces
corps religieux , dont la trop grande opulence a quelquefois fait dégénérer les principes de l'inftitution qui puffent être appelés à
l'extinction des dettes de l'état. Eux feuls
reçurent l'impulfion & furent entraînés. Cet
édit qui défendoit à tous d'être gardien de
fes richeffes , ne pouvoit comprendre les deux
premieres claffes de fujets , dont l'une eft
toujours plutôt occupée à vaincre qu'à s'en-
richir ; & l'autre plus attentive à fournir aux
befoins de chaque jour , qu'à prévenir , par
des épargnes , les befoins à venir. Le fyftême
en ménageant ainfi les véritables familles de
l'état, ne frappoit plus que fur les oifeufes ;
& cet océan inégal reprenoit alors une fur-
face plâne , où le calme univerfel étoit fondé
fur quelques orages particuliers. Quel courage avoit donc ce Philippe , cet homme

extraordinaire , qui ofoit braver le cri du
moment pour mériter un éloge tardif, &
que la poftérité , plongée quelquefois dans
la barbarie ou l'aviliffement refufe trop fouvent encore ; qui fembloit dédaigner le jugement particulier de quelques contemporains ,
(*n*) & envier l'eftime générale de la nation
future. Hommes foibles & timides , bornés
dans vos projets , vous n'envifagez rien au-
dela du cercle étroit dont votre fociété vous
entoure. Vous ne jugez que par elle , vous
ne penfez que pour elle ; mais fi vous fa-
crifiez toujours à l'appât d'une louange frivole
& momentanée , le noble efpoir d'en acqué-

(*n*) On n'accorde jamais , dit Hume , « qu'une
» chofe eft jufte , lorfqu'elle paffe la conception
» vulgaire ; avec la plupart des hommes , toute idée
» eft particuliere , ils ne portent point leurs vues
» jufqu'aux propofitions univerfelles. »

L'approbation du fyftême ne peut être fufpecte
dans ma bouche ; mon grand pere y perdit la moi-
tié de fa fortune ; il put le blâmer dans le temps ;
mais le temps s'eft évanoui , & fon petit - fils
l'admire.

rir une durable dans l'avenir ; foyez dans un doute filentieux ; & gardez-vous du moins d'attaquer l'homme affez fort pour s'élever au-deffus de l'opinion de fon fiecle, & femer le germe du bonheur des fiecles qui doivent naître.

On pouvoit d'ailleurs fe flatter que l'efpérance nationale ne feroit pas trompée, & que la nature du gouvernement rendroit réelles des richeffes imaginaires. La fertilité de nos climats, l'induftrie des habitans, les mers qui baignent de trois côtés la France, devoient promettre le crédit & le fuccès (o). Pourquoi

------

(o) On ne veut point diffimuler que cette révolution a produit des événemens funeftes, mais au moins on peut dire que ce fyftême annonce quelque chofe de fi grand dans fon enfemble, qu'il étoit impoffible à l'homme de génie tel que le duc d'Orléans, de ne pas s'y laiffer féduire. Il fut emporté, comme Defcartes, par fon imagination fublime. Les circonftances déterminerent à déclarer royale cette banque qui n'auroit jamais dû être que particuliere. Ce fut la caufe de fon défaftre précipité. On a toujours vu le commerce entre les mains des princes & des grands, devenir fatal.

faut-il dans la nature qu'un mal vitie tout ce qui eſt bien ? Ce ſyſtême impoſant, élevé ſur

---

aux empires. Alors l'homme public, dépoſitaire des biens de tous, peut priver les ſujets de leur gain légitime. Il ne leur laiſſe eſpérer qu'une utilité précaire, dépendante de ſa volonté. L'induſtrie s'éclipſe, & le découragement prend ſa place. Si le prince gagne, les ſujets ſe ruinent, l'état ſe deſ-ſeche, & la pauvreté publique ne tarde pas long-temps à parvenir juſqu'à lui. Si le monarque perd, les grands s'élevent & les traitants ſe multiplient ; alors s'étendent de toutes parts, les monopoles & les accaparemens. De-là ſort la néceſſité des impoſitions qui vont toujours frapper ſur les der-nieres claſſes ſans abaiſſer les puiſſances. Le prince qui fait le commerce, détruit l'égalité qui en eſt l'ame. Il réunit alors à la force du pouvoir, les richeſſes qui en établiſſent la prompte exécution, & bientôt le deſpotiſme quittant le maſque, laiſſe entrevoir ſes traits hideux & farouches.

L'empereur Théophiles, au rapport de Zonare, comprit fort bien les ſuites fâcheuſes qu'entraînoit dans un état le commerce des gens puiſſans. Il fit mettre le feu à un vaiſſeau richement chargé pour l'impératrice Théodora. « Je ſuis empereur, lui » dit-il, & vous me faites marchand. De quelle » maniere voulez-vous que mes peuples travaillent,

une bafe qui paroiffoit folide , fe diffoud en
un moment , & ne laiffe plus appercevoir que

» fi nous prenons leur ouvrage , & fi nous vou-
» lons profiter de leur falaire.

Lorfque l'équilibre du pouvoir fubfiftoit dans la
république Romaine, les tribuns du peuple fous
le confulat d'Appius Claudius , craignirent que le
commerce ne mît de trop grandes richeffes entre
les mains des fénateurs. Ils établirent la loi Claudia,
dont parle Tite-Live , qui défendoit aux grands
d'avoir en mer un vaiffeau qui contint plus de
quarante muids. Ils redoutoient l'ariftocratie. Dans
la fuite , Juftinien promulgua une loi dans le code
qui ne permettoit le commerce qu'aux citoyens
pauvres & de baffe naiffance.

A Venife , fur le même motif que les nobles
pourroient acquérir une fortune exhorbitante , le
gouvernement interdit au fénat le droit de commerce.

On avoit déja éprouvé en France combien ces
banques générales épuifent à la longue le coprs
politique. On voit dans Bodin & dans Gillet que
François premier , en ayant établi une à Lyon ,
Henri II fon fils fe trouva débiteur de quarante
millions , fomme immenfe pour le temps , outre
la perte du revenu du royaume , & un fond de

des

des ruines. Ainſi nous voyons, avec effroi, une campagne riante & fleurie, être boule-verſée par un feu intérieur, & ne montrer à l'œil étonné que des déſerts ou des abymes. La confiance publique ne prit un eſſor que

---

cinq millions quatre cent mille livres qui ſe trou-voient dans le tréſor royal, Philippe étoit dans une poſition plus cruelle ; le déſeſpoir germoit au-dedans du royaume ; nul crédit n'étoit établi au dehors ; il tenta par cette ſecouſſe d'adoucir l'un, & de faire naître l'autre. La monarchie qui penchoit fut remiſe debout. Les eſprits plongés dans une léthargie profonde, ſe réveillèrent, rétablirent les arts & une branche de commerce oubliée, la compagnie des Indes. Philippe dirigea ſes vues princi-pales ſur cette partie de l'adminiſtration qui attache les véritables grands hommes, parce que c'eſt d'elle que naît le véritable repos des peuples. Il ſacrifia le plus grand nombre de ſes momens à régler les finances, comme Germanicus dans les Gaules, comme le ſage Julien avant qu'il fut ſur le trône, comme Henri IV après qu'il y fut parvenu. S'il fit des fautes, le patriotiſme les cauſa. Cela ſeul les rend ſublimes & les juſtifie. Lorſque les inten-tions ſont grandes, les actions qu'elles produiſent ſont toujours des bienfaits.

D

pour retomber fur elle-même ; & la banque, après avoir balotté les fortunes, les englouttit dans fon fein : les uns acquirent de nouvelles richeffes & de nouveaux defirs ; les autres, en abandonnant les objets d'un luxe fouvent nuifible au bonheur, conferverent cette heureufe médiocrité qui fatisfait l'ame & éloigne les peines (*o*). La compagnie des Indes fe ranima, & la France, après cet effai de fes forces, fe repofa fur fon deftin : ce nuage rendit fa férénité plus conftante.

Une révolution fi fubite avoit excité une fermentation dans les efprits ; & l'Efpagne voulut en profiter pour troubler celui à qui

---

(*o*) La banque avoit procuré à l'abbé Terraffon une grande opulence, & fes richeffes commençoient à lui faire fentir une infinité de privations. Il fe cherchoit des goûts & des plaifirs nouveaux. Ce foin l'inquiétoit & troubloit fa vie paifible, lorfque le fyftême étant tombé, les biens qu'il avoit gagné s'évanouirent. « Me voilà débarraffé, dit-il, » je revivrai de peu, & cela m'eft bien plus com- » mode. » C'eft le mot d'Horace :

Non poffidentem multa vocaveris recte beatum.

elle devoit son repos. Albéroni , ministre en-
treprenant , qui dans l'état & le rang de
Ximenès brûloit de s'illustrer ainsi que lui par
des coups éclatans , désira priver le Régent
de son pouvoir , pour le remettre à son souverain. Ce projet audacieux vint échouer
devant la sagesse de Philippe. Quelques exemples , d'une juste sévérité , réprima , dans
l'intérieur de l'état, le parti de l'étranger ; &
l'ennemi , découvert dans ses complots , eut
alors recours à la force.

Elle fut inutile : envain l'Espagne sous le
prétexte de rendre à un prince infortuné le
trône d'Angleterre , qu'avoient occupé ses
ancêtres , souleve contre la France toute
l'Italie ; envain un embrasement général me-
nace nos frontieres , Philippe prévoit tout &
fait l'éteindre. Des troupes se transportent
dans les provinces que l'ennemi ambitionne
& sur les rives voisines de la Tamise. Au
premier ordre elles sont prêtes à combattre.

Philippe l'a donné; l'Espagnol, qui croyoit
être agresseur , est forcé lui même à se défendre. La guerre qu'il vouloit porter au mi-

lieu de nos foyers détruit ſes villes & dévaſte ſes champs. Fontarabie ſuccombe, St. Sébaſtien eſt pris, des contrées entieres ſe ſoumettent, & partout la victoire ſuit PHILIPPE. Inutilement veut-on corrompre par des largeſſes le cœur de ſes ſoldats ; inutilement déſire-t-on retenir au moins ſous les drapeaux de l'Eſpagne, ceux qui depuis long-temps s'y étoient rangés. Rien ne peut les engager à trahir leurs devoirs, & ils donnent à l'univers l'exemple d'une fidélité héroïque. *(p)*

(p) La flotte Eſpagnole eut beau ſe montrer ſur les côtes, pour exciter un ſoulevement, tout reſta paiſible. Alberoni avoit promis de grands emplois aux officiers qui quitteroient le ſervice du Régent pour paſſer à celui de ſon maître. Il comptoit ſur des bataillons entiers qu'il vouloit compoſer de déſerteurs ; mais ſon idée ne fut qu'un rêve : perſonne n'abandonna les intérêts du Régent. Les officiers François, au contraire, qui ſe trouvoient dans l'armée d'Eſpagne, n'ayant pu obtenir de porter les armes ailleurs que contre leur patrie, aimerent mieux perdre leurs emplois. Ce dévouement général honore autant le prince, en faveur duquel il eſt conçu, que les hommes généreux qui le conçoi-

C'étoit Philippe qui inspiroit ces sentimens généreux. C'étoit son ame qui se com-
muniquoit à ses guerriers & faisoit naître ce
désintéressement sublime. L'Espagne humiliée
sacrifia bientôt à sa sûreté l'auteur de ses
désastres. Albéroni satisfit à la France par sa
disgrace, & le Régent, trop grand pour son-
ger à venger dans le sang des peuples, ses
injures particulieres, accorda la paix à la
nation qu'il avoit autrefois défendue, & qu'il
pouvoit maintenant dompter.

L'humanité réclamoit ses soins pour la
France. La contagion, ce fléau terrible qui
éteint dans les ames les sentimens de la nature, & rend celui qui en est frappé l'ennemi

---

vent. L'histoire fournit peu de pareils traits, & il
est toujours utile de les retracer. On connoit seu-
lement la fidélité des esclaves de l'île de Scio assié-
gée par Philippe, fils de Démétrius, qui resterent
fideles à leurs maîtres, malgré les prix séducteurs
qu'on offroit à leurs trahisons. On fait encore la
foi inviolable que les sujets de Frédéric lui garde-
rent, malgré la bulle d'Alexandre III, donnée au
concile d'Agnanie, qui les délioit de leurs sermens.

de fon frere, ravageoit avec fureur nôs provinces méridionales. Chaque famille pleuroit
des pertes ; chaque citoyen tendoit les bras
au prince pour lui demander la vie & des
fecours. Son cœur fut ému profondément,
& fon ame attendrie lui offrit les moyens de
les foulager. Une prévoyance éclairée arra-
cha à la mort fes victimes & arrêta fes progrès. Auffi-tôt la famine vint nous effrayer
encore ; la terre refufe fa fécondité à l'homme, & ne lui offre plus que des tombeaux.
PHILIPPE d'une main ouvre des tréfors où
l'état ttouve un foulagement public dans fon
économie particuliere ; de l'autre, il éteint
les flammes dont Rennes eft embrafée. Nouveau Titus par les vertus qu'il fit paroître,
& les maux qu'il fut adoucir ; il fembla que
le ciel eût voulu faire acheter à la France
le bonheur de l'avoir établi à la place d'un
maître. (q) O PHILIPPE, ô prince généreux,

(q) Sous le regne de Titus, une éruption du Mont-
Vefuve détruifit une partie de l'Italie ; une pefte
affreufe la ravagea ; & une incendie terrible réduifit
encore prefque toute la ville de Rome en cendres.

ton immortalité eft affurée, ton cœur a ennobli toutes tes actions. Après avoir étonné l'univers par ta valeur, encouragé les arts, fait fleurir les fciences dans les Montefquieu & les Daguefleau, il ne manquoit plus à ta gloire que de favoir t'élever au-deffus de ton rang, & de t'en féparer.

Cette idée étoit trop fublime, pour échapper à fes lumieres. PHILIPPE, élu pour tenir lieu de fouverain, chéri des foldats & des peuples, triomphant & couronné par la victoire, n'eftime tant d'avantages que pour les raffembler fur la tête de fon roi. Il remet entre fes mains des finances dont il a diminué l'altération, des armées accoutumées à vaincre ; il lui rend un état immenfe dont il a banni les fectes & les rivalités odieufes. La feule récompenfe qu'attend PHILIPPE, eft le droit d'en avoir mérité . L'amour des peuples & la confiance de LOUIS font les feuls prix qu'il défire. Il obtint l'un & l'autre : la nation ne parut fe confoler de la fin de fes travaux, que lorfqu'elle entendit fon roi le prier de lui fervir toujours de pere.

PHILIPPE ne cessa de s'occuper d'elle dans sa vie particuliere. Soit que dans des entretiens animés il peigne à LOUIS le plaisir qu'un roi goûte à être aimé ; soit qu'il défende dans les conseils les principes du gouvernement contre l'autorité arbitraire, ou l'anarchie licentieuse ; soit que dans des récréations savantes il dévoile le secret des arts, c'est toujours la félicité publique qui est le but de ses soins.

Grand guerrier, prince éclairé, philosophe profond dans la connoissance des hommes, citoyen bienfaisant, PHILIPPE D'ORLÉANS réunit en lui tout ce qui fixe l'admiration & l'amour. Il sut captiver l'attention publique sur ses desseins qui furent toujours grands ; il sut dégager l'administration des liens qui l'embarrassoient ; il sut enfin opposer Dubois à Albéroni. L'un & l'autre étoient parvenus au ministere de la classe obscure des sujets ; l'un & l'autre placés par leur naissance dans les rangs inférieurs de l'église, en avoient obtenus les premieres dignités ; mais Albéroni, fier de cette élévation, voulut bientôt faire plier le génie de son maître devant le sien, tandis que Dubois conservant toujours sa premiere modération, soumettoit ses pensées à celles de PHILIPPE, & trouvoit sa gloire à le seconder. Le premier ne concevant que des projets ambitieux & extraordinaires, ne voyoit que la force qui pût les exécuter ; le second, au milieu des tempêtes, continuoit ses opérations paisibles, voyoit le but de son rival & le détournoit avec adresse. L'un parut imiter Richelieu, & l'autre Mazarin. Albéroni devint l'ennemi de son roi, & Dubois mérita d'être l'ami de PHILIPPE.

Ce prince porta dans tous les genres la sublimité des vues & la hardiesse de l'exécution ; affable & bienfaisant, s'il se livra aux plaisirs, il sut les maîtriser. Toutes les sciences trouverent en lui, ou un éleve supérieur, ou un juge digne d'elles. (r) Toujours actif,

---

(r) Personne n'ignore que Philippe fut un des plus grands chimistes de son siecle. Il composa des diamans factices qui prirent le nom de pierres du Palais.

toujours appliqué, fon efprit envifageoit un
plan judicieux pour la légiflation , à l'inftant

Ses connoiffances profondes en ce genre lui mé-
riterent une foule d'imputations odieufes , dont la
calomnie ne rougit pas de le noircir alors , mais
que la nation rougiroit de fe rappeller aujourd'hui.
Il falloit bien fe venger d'une fupériorité toujours
importune ; il falloit lui faire acheter le droit d'être
grand ; il n'eft que l'homme médiocre qui foit re-
vêtu de l'égide facrée ; & l'on ne dit peu de mal
que de ceux dont on ne peut dire que peu de bien.
La peinture occupa long-temps les loifirs du régent,
& on conferve plufieurs morceaux fupérieurs de
la main de ce prince dans les galéries dé St. Cloud
& du Palais royal. C'eft à lui à qui l'on doit cette
derniere collection, la plus belle qui foit en France,
& qui réunit les chefs-d'œuvres des trois écoles.
Il recompenfoit avec grandeur les artiftes & les favans , & les engageoient à des découvertes utiles
& ingénieufes. Leurs idées fe trouvoient analogues
aux fiennes, il n'eft que l'efprit qui fache apprécier l'efprit. La bibliotheque du Roi fut enrichie
des manufcrits les plus précieux en langues Arabe ,
Turque , Perfanne & Armenienne par le zele de
ce prince , qui envoya des favans dans ces contrées
éloignées, pour en rapporter les véritables richeffes.

même où sa main analisoit les corps, ou peignoit des objets.

Une occupation si suivie devoit altérer sa santé. Elle eût été florissante jusques dans la vieillesse, mais il la prodigua dans les combats & les fatigues du trône. Envain la nature épuisée demandoit à PHILIPPE un repos plus assidu, il n'est que le tombeau qui puisse l'en faire jouir. (s) A sa mort la nation fut dans le deuil. Les soldats pleurerent dans lui l'au-

---

(s) Philippe mourut à l'âge de quarante-neuf ans au château de Versailles le 2 décembre 1723, d'une attaque d'apoplexie. Son premier médecin l'avoit prié plusieurs fois de se livrer avec moins d'ardeur à ses travaux, il lui répondit toujours qu'un prince n'avoit jamais le temps de rester oisif. Il fut victime de son application, & l'état perdit un soutien. Peu de princes descendent ainsi dans la tombe. Cette mort jette encore de l'éclat sur toutes les actions de Philippe & les couronne.

On auroit pu graver sur son tombeau l'épitaphe de l'empereur Julien, qui contient dans son auguste simplicité toute la vie de Philippe, & le plan de ce discours : Ci gît Julien, qui fut un vaillant guerrier, un grand légiflateur.

teur de leur gloire, la France celui de sa
grandeur. LOUIS mêla ses regrets à ceux
de son peuple. Il honora de ses pleurs celui
qui avoit fait le bien. Que servent à la mémoire des rois ces pyramides funéraires, sans
ces preuves touchantes d'une douleur générale ? PHILIPPE, ombre chérie, ce prix de la
reconnoissance publique, ne manqua pas à
tes vertus. Un autre sentiment a succédé dans
nos ames à cette douleur du moment, le
respect pour ton souvenir. Nous te chérissons
dans tes descendans ; nous admirons dans eux
ton ame grande & généreuse. A ton nom,
nos cœurs se rappellent tes bienfaits, & nos
esprits se représentent aussi-tôt & le HÉROS,
& le GRAND HOMME.

> Finis vitæ ejus nobis luctuosus,
> Patriæ tristis, extraneis etiam
> Ignotisque non sine curâ fuit.
>
> TACITE in AGRICOLA.

A P P R O B A T I O N.

J'Ai lu un manuscrit intitulé *Eloge de Phi-lippe , duc d'Orléans ;* je crois que l'on peut permettre l'impression de ce discours , dans lequel le talent & le sentiment concourent à célébrer un prince dont la mémoire sera toujours précieuse à la nation. A Lyon le 14 décembre 1777.

M O N G E Z.

Vu l'Approbation, permis d'imprimer à Lyon ce 16 décembre 1777.

De l'Imprimerie D'*ALEXANDRE-ANTHÉLME BELION* , Rue Noire , à Lyon.